Tiro de gracia
(o Ya nada queda por traicionar)

Coup de Grace
(or There is nothing left to betray)

Tránsito de Fuego

Colección de poesía

Poetry Collection

Transit of Fire

Ulises Córdova

TIRO DE GRACIA
(O YA NADA QUEDA POR TRAICIONAR)

COUP DE GRACE
(OR THERE IS NOTHING LEFT TO BETRAY)

Traducido por - Translated by

Danae Brugiati

Nikelma Nina

Nueva York Poetry Press LLC
128 Madison Avenue, Oficina 2RN
New York, NY 10016, USA
Teléfono: +1(929)354-7778
nuevayork.poetrypress@gmail.com
www.nuevayorkpoetrypress.com

Tiro de gracia (o Ya nada queda por traicionar)
Coup de Grace (or There is nothing left to betray)
© 2020 Ulises Córdova

© Traducción:
Danae Brugiati
Nikelma Nina

ISBN-13: 978-1-950474-88-2

© Colección Tránsito de Fuego vol. 12
(Homenaje a Eunice Odio)

© Dirección:
Marisa Russo

© Edición:
Francisco Trejo

© Diseño de interiores:
Moctezuma Rodríguez

© Diseño de portada:
William Velásquez Vásquez

Córdova, Ulises
Tiro de gracia (o Ya nada queda por traicionar) / Coup de Grace (or There is nothing left to betray),
1a edi-- New York: Nueva York Poetry Press, 2020. 144 pp. 5.25 x 8 inches.

1. Poesía mexicana. 2. Poesía latinoamericana.

Todos los derechos reservados. Esta publicación no puede ser reproducida, ni en todo ni en parte, ni registrada en o transmitida por, un sistema de recuperación de información, en electroóptico, por fotocopia, o cualquier otro, sin el permiso previo por escrito de la editorial, excepto en casos de citación breve en reseñas críticas y otros usos no comerciales permitidos por la ley de derechos de autor. Para solicitar permiso, contacte a la editora por correo electrónico: nuevayork.poetrypress@gmail.com.

Para Nikelma.

¿Dónde estabas
poema, mientras
yo sufría?

Para mis hijos: Ulises Eliseo, Neyber y Sebastián.

Y para aquellos que son poesía, de la que uno no sabe leer.
Y sin embargo se siente.
Y -a pesar de los quebrantos- se es feliz.

For Nikelma.

Where were you
poem, while
I was suffering?

For my children: Ulises Eliseo, Neyber and Sebastian.

And for those who are poetry, the kind that one cannot read.
And yet one can feel.
And -despite the breakdowns- one is happy.

En vano he nacido,
en vano he venido a salir
de la casa del dios a la tierra,
¡yo soy menesteroso!
Ojalá en verdad no hubiera salido,
que de verdad no hubiera venido a la tierra…

      Nezahualcóyotl

In vain I was born,
In vain I have left the house of the gods and
come to Earth.
I am a needy man!
I wish I had never left,
truly, that I had never come to Earth…

      Nezahualcóyotl

DÉCIMO TERCER SUICIDIO

He graduado el abandono a las pasiones, mermando la dosis lentamente. Adicto a la obscuridad, he tenido que abstenerme de la noche y conducirme por el día sin más sentido que el nocturno, a veces por el tacto. Me corté las palabras a la vez que el cabello, para que el silencio se me fuera notando en la cara. He roto mi espejo azotándolo contra mi rostro, hasta que párpados y catedrales se derrumbaron; y en la profundidad de un cántaro lleno del mar, he sumergido sangre y cristales que se agitan en demonios.

Me quedo varias horas mirando un punto que puede ser el último punto del universo. Camino poco; cada instante sube, cada nube baja, desmiro cada transeúnte, cada milagro me sigue… y todo es un motivo más en el que aprendo algo viejo en que descreer, o en quien descreer.

Me sostengo en lo poco que me estoy volviendo. Me contengo de loco que me iré quedando. Hoy, por ejemplo: todavía creo en el dolor a primera vista; en el olvido como el suceso más importante de la historia, y por eso no hay nada más sensato que jurar olvido eterno. Hoy, alguien va a descubrir que ya nada queda en este mundo para traicionar; y el amor… el amor sólo es vaciar al otro de manera perpetua.

THIRTEENTH SUICIDE

I have abated the abandonment of passions, diminishing the dose little by little. Addicted to the dark, I have had to abstain from the night and get through the day with no more sense than the nocturnal, sometimes by touch. I cut my words at the same time as my hair so that silence would become noticeable on my face. I have broken my mirror by lashing it against my face, until the eyelids and cathedrals collapsed; and in the depth of a pitcher full of sea, I have dipped the blood and the crystals that churned into demons.

I spend several hours staring at a spot which may be the last point in the universe. I walk a little; each moment arises, each cloud descends, I dismiss each passerby, each miracle follows me… and everything is one more reason in which I learn something old in which to disbelieve, or in whom to disbelieve.

I hold onto how little I am becoming. I hold back from how insane I will be getting. Today, for instance, I still believe in pain at first sight; in oblivion as the most critical event in history, and therefore, there is nothing more sensible than swearing eternal callousness. Today, someone will discover that there is nothing left in this world to betray; and love… love is only to empty the other perpetually.

Enciendo un libro para hacer penumbra esta noche, para sorprender la tristeza acumulada en los zapatos, descubrir mi piel colgada en el ropero; y verme sólo una palabra tendida en la cama, padeciendo cuarenta centígrados de fiebre; ojos, manos y mi cuerpo todo inicia su autoausencia, gota a gota, tajo a tajo va desapareciendo, mientras su espacio lo ocupa lentamente la voluminosa presencia del tiempo.

    Uno empuña al tiempo y se lo
lleva a la sien, aprieta el gatillo,
    el mundo se impacta en la
cabeza, y sin embargo todavía te sostiene
    la fuerza de tus piernas,
te queda vida para un relámpago,
    o para una
SEGUNDA BALA

El Fuego pregunta a la anciana luna
y al sabio y cansado polvo del ser
¿fue primero el amor o la guerra?
Gota de Sangre despierta
Fue la mujer

I light a book to keep the weariness tonight, to surprise the sadness collected in my shoes, to discover my skin hanging in the closet, and see myself as only one word lying on the bed, suffering from forty centigrade of fever; Eyes, hands, and all my body begin its self-absence, drop by drop, gash by gash it disappears, while the voluminous presence of time slowly occupies its space.

    One grips time and aims it
at the temple, pulls the trigger,
    the world is impacted on
your head, and yet the strength of your legs
    still holds you,
you have life left for a lightning bolt,
    or for a
SECOND BULLET

Fire asks the Old Moon
and the wise and weary dust of the being
Was it love or war first?
Drop of Blood awakens
It was the woman

Tiro de gracia / Coup de Grace

TERCER INFARTO

Te advertí
De tumbas que no caben en la herida
De ruinas que bajan al insomnio
A beber obscuridad

Te dije que el Allá venía a veces
A saquear la sangre
                   y a asaltar al Tiempo
Que te dieras la distancia
                        de morir un poco
en cada martes
             que viene de la guerra
en cada verso
             caído en la batalla

Te escribí forma de ser sombra
                        de los hombres
cuántas veces leímos juntos

el dolor en líneas
             de la palma de la lluvia

Aún así te dije Templo
Al que acuden de rodillas mis ideas

THIRD INFARCTION

I warned you
Of graves that cannot fit in the wound
Of ruins that go down to insomnia
To drink darkness

I told you that the Yonder would come sometimes
To plunder the blood
                and to assault Time
That you should give yourself the distance
                        to die a little

on every Tuesday
        that comes from the war
in every verse
        fallen in battle

I wrote you a way to be a shadow
                      of the men
how many times did we read together
the pain in the lines
        of the palm of the rain

Still   I called you Temple
To which my thoughts and heart

Tiro de gracia / Coup de Grace

Y corazón en violento
                    padre
de todas mis locuras
Pero quisiste el miedo llenándote los ojos
y te quedaste funeral
                    a media alcantarilla

Y todavía
todavía te advertí
de penas que se mueven como adagios
y de pianos
            que en las noches
                        se cuelgan
de la cicatriz

go kneeling in a violent
      father
of all my follies
But you chose fear to fill your eyes
and you stayed funeral
      at mid sewer

And yet
I still warned you
of sorrows that move like adages
and pianos
   that at night
      hang
from the scar

TERCERA BALA

Te vi pasar como se ve a la guerra
Hemorragia tu vestido largo
Cuerpo al rojo vivo
y rostro en luz inevitable
La belleza en ti
sólo es inocente ocupación
que lleva a los hombres a la muerte
como una meretriz los conduce hasta su cama
(paradójico destino voluntario
buscando en la muerte asegurada
un placer inexplicable)
pero digo yo que lo tuyo se llama asesinato

Dices Y muy pocos no te creen
Morir es un arte
                todavía tabú
generosamente estético
y obviamente incomprendido
y el hecho de nombrarte asesina
te lleva a enaltecerme
El título acaricia tu ego
pero también te lleva a repudiarme
Dices No es posible
llamarles asesinos
a quienes matan en combate

Third Bullet

I saw you pass by as one sees war pass
Your long gown hemorrhage
Body red-hot
and your face in inevitable brightness
The beauty in you
is just an innocent occupation
that leads men to death
like a whore leads them to her bed
(paradoxical voluntary destiny
finding in sure death
an inexplicable pleasure)
but I say that yours is called murder

You say   And very few do not believe you
Dying is an art
                still taboo
generously aesthetic
and obviously misunderstood
and the fact of naming you a murderer
leads you to exalt me
The title caresses your ego
but it also leads you to repudiate me
You say it's just not possible
to call murderers
those who kill in combat

PRIMER INFARTO

Ya no es tuya la rabia
                    de este latido
                    que se quita la correa
                    Y en la noche
                    salta
                    el corazón
para ir a pelearse con los perros

Ya no son tuyas estas lágrimas
que dan vueltas como hostiles
panteras enjauladas en los ojos

No te piensa más la sangre
sumergida en sus propios pensamientos
cuando sale de mi boca
como un largo beso
                    que se arrastra
                                  mal herido

Y ya no te pertenece más
                    este Poema
que ha resultado ser
un asesino a sueldo
para matarme por la espalda

FIRST INFARCTION

It's no longer yours the rage
                        of this beat
                        that takes off its leash
                        And at night
                        jumps
                        the heart

to go fight with the dogs

No longer yours are there tears
that go around like hostile
caged panthers in the eyes

The blood does not think of you anymore
immersed in its thoughts
when it comes out of my mouth
like a long kiss
                that crawls

                      badly hurt
And it doesn't belong to you anymore
                              this Poem

that turned out to be
a hit man
to kill me from behind

SEGUNDO INFARTO

Te envío mi muerte por correo

Último latido
a bordo del Réquiem de Mozart
que una lágrima conduce
a la velocidad de la noche

SECOND INFARCT

I send you my death by mail

The last beat
aboard Mozart's Requiem
that a tear carries
at the speed of night

PRIMERA MUERTE
En cuatro cantos y un tiro de gracia

FIRST DEATH
In four songs and a coup de grace

PRIMER CANTO

El amor nos ocupa
en dejar de ser humanos
sólo por dejar de ser nosotros

      Somos

  (casa cama cuadros)
                        cosas
                        que no llegan ni a rutina

Tanta obstinación
esta de sobremorirnos en objetos

      Somos

noción de movimientos
nada más para caernos en pedazos

A veces cartas que despiertan
dando gritos en la madrugada

FIRST CANTO

Love occupies us
in ceasing to be human
only to stop us from being us

      We are
  (house bed pictures)
                     things
                     that don't even come close to routine

So much stubbornness
this of over-dying ourselves in objects

      We are

a notion of movements
nothing more than to fall apart

Sometimes letters that wake up
screaming at dawn

SEGUNDO CANTO

Suben ruinas de los pies al Nombre
Muerte
        moviéndose
        a páginas cortas
en la ausencia
Y en esta soledad que busca
la respiración de boca a boca con el fuego

SECOND CANTO

Ruins rise from the feet to the Name
Death
      moving
      in short pages
in the absence
And in this loneliness that seeks
mouth to mouth resuscitation with fire

TERCER CANTO

Dolor   dios cruel que nos habita
Omnipresencia de caídas
fluyendo hacia dentro
De heridas que se abren
desde el pensamiento
                           hasta los pasos
como trampas dispuestas
en varios puntos de la carne
para desaparecernos
o para derrotarnos

THIRD CANTO

Sorrow   cruel god that inhabits us
Omnipresence of falls
flowing inward
Of wounds that open
from the thought
                up to the steps
like land mines set
at various points in the flesh
looking to destroy us
or to defeat us

CUARTO CANTO

Dolor   un dios extendiendo
                               el tiempo
en que debió cerrar la herida

Y nos encierra en un instante
para obligarnos a entender que ya no somos
para sentir que nunca fuimos
y ocupar el mínimo pretexto del amor
para matarnos
                y matarnos

antes que morirnos

FOURTH CANTO

Sorrow a god lengthening
                         the time
in which the wound should have closed

And traps us up in an instant
to make us understand that we are no longer
to make us feel that we never were
and occupy the slightest pretext of love
to kill us
        and kill us

before we die

TIRO DE GRACIA

Hoy   último día del universo
Tu cuerpo es el arma de fuego
que al azar
            eligió un desconocido
para asesinarlo

COUP DE GRACE

Today   last day of the universe
Your body is the firearm
that at random
               chose a stranger
to assassinate him

Quinta bala

Y aún cuando la única luz
al final del fusil
               es el amor…
todo lo que toca
               lo destruye

FIFTH BULLET

And even when the only light
at the end of the rifle
                is love…
everything that it touches
                      is destroyed

DÉCIMO SUICIDIO

He nacido
           puntual al pensamiento
que golpeábase de frente
                     con la tarde

Voy creciendo
               interferencia de fuego
en la emisión fluida de las sombras

Me reproduzco
           exacto
al punto de conspiración
y conjunción de coordenadas
que antes indicaron el lugar preciso de la luz

Y he de morir dentro de pocos versos
Cuando venga hecho una guerra
                           o peor aún
Vuelto violenta rutina
               este Mundo
y otra vez ocupe el tiempo y el espacio
que aquí
y ahora

Yo

Poema

le tuve arrebatado

TENTH SUICIDE

I have been born
                punctual to the thought
that hits head-on
                against the afternoon

I grow
      fire interference
in the fluid emission of the shadows

I reproduce myself
                exactly
to the point of conspiracy
and conjunction of coordinates
that once indicated the precise location of the light

And I will die within a few verses
When I come as a war
                or worse yet
Turned into violent routine
                this world
and again hold time and space
that here
and now
I

Poem

had taken from it

DÉCIMO PRIMER SUICIDIO

Me tragué el humus de los salmos
Y la voz ronca de la obscuridad

Me tragué la procesión de puntos negros
Las sombras carnívoras
El par de flores arrodilladas frente a mi ataúd

Tragué mi cadáver
Me lo tragué con todo y las letras
Que intentaron huir del nombre
Me lo tragué con todo y los gusanos
Que intentaron huir del cuerpo

ELEVENTH SUICIDE

I swallowed the humus of psalms
And the husky voice of darkness

I swallowed the procession of black dots
The flesh-eating shadows
The pair of flowers kneeling in front of my coffin

I swallowed my corpse
I swallowed it together with the letters
That tried to flee the name
I swallowed it together with the worms
That tried to flee the body

BALA OCTAVA

Se hizo imprescindible
transcribir tu cuerpo innombrable
aleación de piel y firmamento
desnudo de explosivos y alabastros rabia
de bala penetrando la carne
una y un millón de veces
                                  no importa
                                  quién dispara
una mirada en la trinchera
y quién la recibe pólvora en el pecho

EIGHTH BULLET

It became essential
to transcribe your unnamable body
an alloy of skin and firmament
naked of explosives and alabaster rage
of a bullet penetrating the flesh
one and a million times
                          no matter
                          who shoots
a look in the trench
or who receives it
as gunpowder in the chest

SUICIDIO DÉCIMO SEGUNDO

Dejarás de ser el pan de este dolor
que muere de piel

Cae con todo su cuerpo
                al cuerpo
Y ya no puede moverse
ni siquiera en esta tinta
Ni va a levantarse
nunca más de este papel

TWELFTH SUICIDE

You will no longer be the bread of this pain
that dies of skin

That falls with its whole body
             into the body
And can no longer move
not even with this ink
Nor will it get up
ever again from this paper

DÉCIMO CUARTO SUICIDIO

> Aquí
> En este cuarto obscuro.
> YANNIS RITSOS.

Aquí
en un poema a obscuras
Entre Dios cansado
de zurcir los Agujeros Negros
y un poema en la monotonía
de diseccionar un beso en vivo
que murió hace sombras
                  Tanto tiempo

Un poco de luz
          le hace el amor
                    a la luz
que apenas queda

Sentado en la desvencijada silla
un Trozo De Tela
          insomne
teje y desteje a la mujer
de la mujer que no olvida lo que siente
y sin embargo olvida lo que espera

FOURTEENTH SUICIDE

>   Here
>   In this dark room.
>   YANNIS RITSOS.

Here
in a poem in the dark
Between God tired
of darning the Black Holes
and a poem in the monotony
of dissecting a live kiss
which died so long
                Shadows ago
Some light
      makes love
             to the light
that hardly remains

Sitting in the rickety chair
a Piece of Cloth
      sleepless
weaves and unweaves the woman
from the woman who does not forget what she feels
and yet forget what she expects

Tiro de gracia / Coup de Grace

Aquí
        en un poema a obscuras
acariciando al perro
                Ulises
                        ladra
                                aúlla
y llora
        en la Ítaca sureste
        de mi pecho

Here
    in a poem in the dark
caressing the dog
           Ulises
                barks
                      howls
and cries
      in the southeastern Ithaca
      of my chest

PRIMER INFIERNO

FIRST HELL

I

Hijo
No han dejado sino a la Palabra
presa en un cristal
El bombardeo aéreo
a mí Lengua
tendida a lo largo del papel

El ataque terrestre del infierno
avanza en este Manuscrito

No dejaron ni la Espera
                    esperándote
Sigo cabizbajo
en interiores de tu Idioma
Justo
      mi tamaño obscuro
Justo en la definición De Lontananza

I

Son
They have left only the Word
 seized in a crystal
The aerial bombardment
to my Tongue
stretched out across the paper

The ground attack from hell
advances in this Manuscript

They did not even leave the Wait
                              waiting for you
I am still crestfallen
on the inside of your Language
Just
     my dark size
Just in the definition of Distance

II

Invoquemos holocaustos
Y sea la Ira el último demonio
que nos tome en posesión
A la hora
        y en la hora de nuestra muerte

Dónde estás

Ojo fuera del cuerpo
mirando su cóncava herida
                Punto patíbulo
en el que se reúne todo el cuerpo
nada más para morir

De tu mirada quedan
cadenas pesadas   grilletes y bolas de hierro
caminando por los parques
abrazados al cinismo

En el vertical verbo del vuelo
donde tu ser se conjugaba en alas
prendieron una hoguera
para quemar al Origen maniatado a un árbol
como si fuese una maldita bruja
o vil blasfemo condenado por la inquisición

II

Let us invoke holocausts
And let Wrath be the last demon
to take us in possession
Now
    and at the hour of our death

Where are you?

An eye detached from its body
looking at its concave wound
                            Gallows stages
on which the whole body meets
only to die

From your gaze remain
heavy chains   shackles and iron balls
walking through the parks
arm in arm with cynicism

In the vertical verb of flight
where your existence was conjugated in wings
they lit a pyre
To burn the Origin tied up to a tree
as if it were a cursed Salem witch
or a vile blasphemer condemned by the inquisition

En los hábitos de tu sonrisa
se levanta en estulticia
                        una subasta de esclavos
Se cumple una abyecta ley
Fusilar a todos los niños
                        que se acerquen al alma

Concentran tus caricias en un ghetto
Se llevan tu voz en una jaula

In the habits of your smile
senselessness auctions of slaves
                                  rise up
An abject law is fulfilled
Shoot all the children
                          that approach the soul

They concentrate your embrace in a ghetto
They take your voice away in a cage

III

Confesiones del temblor enfurecido
a la hora y en la hora de nosotros
                              ¿Dónde estás?
Batalla cruel de estrellas
que lastima hasta los ojos de los muertos
Hemorragia de sombras
Matanza de olvidos y memorias
en el punto doloroso
de un mapa actual de nuestra voz

Cerramos los ojos
como esperando
que no nos encuentren los disparos
o como creyendo
que no nos matarán las balas
                             ¡Dónde estás!

Tu nombre
              es el infarto que toca la puerta
cuando el pecho se obscurece
de una densa neblina de palabras

Noche
Otra vez noche
en que la guerra crece
                guerra
                            en las entrañas

III

Confessions of the enraged tremor
at the time and at the hour of us
                          Where are you?

Cruel battle of stars
that hurts even the eyes of the dead
Bleeding of shadows
Slaughter of oblivions and memories
at the painful point
of a current map of our voice

We close our eyes
with the hope that
the gunshots do not find us
or as if believing
that the bullets will not kill us
                          Where are you!

Your name
            is the heart attack that knocks on the door
when the chest darkens
under a thick haze of words

Night
Night again
where war grows
            war
                  in the guts

SÉPTIMA BALA

Pero hay armas
que no se atreven a disparar a una mujer

Armas que cierran los ojos
mientras la bala detiene su respiración
pero sigue latiendo
                por dentro
                intensa
cada vez más violentamente
                hasta explotar

SEVENTH BULLET

But there are weapons
which dare not shoot a woman

Weapons that close their eyes
while the bullet stops its breath
but it keeps beating
                        inside
                        intense
more and more violently
                        until it explodes

NARCISA

Así que
        eres Narcisa
Catadora de sangre
que se sirve hoy de la mía
¿Para domar a la noche?
¿Domesticar a la muerte?

Así que
        harás llorar
la embotellada carcajada
quebrándose entre dientes

(caballos líquidos de piedra
negro listón
con el que está ahorcándose la luna
goteando diablos
que se estrellan en el pecho)

¡Pero sal ya Narcisa!
o te despatriaré de ese maldito espejo

¡No! manzanesca Narcisa
No revuelques más la cáscara de tu cuerpo
alrededor del tiempo

No has estado aquí
No serás la lengua húmeda
que provocará un resbalón al universo

NARCISA

So
    you are Narcisa
the blood taster
who uses my blood today
To tame the night?
To tame the death?

So
    you will
make the bottled laughter cry
breaking through clenched teeth

(black ribbon
of liquid stone horses
with which the moon is hanging itself
dripping devils
that come crashing into the chest)

Come out now, Narcisa!
Or I will deface you from that damn mirror

No! appley Narcisa
Stop wallowing the peel of your body
around time

You haven't been here
You will not be the slippery tongue
that will cause the universe to fall

¿Sabes
        Narcisa?
No hay palabra más amarga que tu nombre
No hay muerte más terrible que nombrarte
Batalla Señora
            Guerra
Meretriz   tú cobras más que la desgracia
Ramera   tú sigues copulando con la historia

Hija predilecta
de íntimos y reptantes dioses
Libas miel del colmillo de víboras
Bondad que mata con ponzoña ajena

¡Ah!
Eres tú
        la única probabilidad
cuando Dios juega a los dados en el universo

Sirena que cantó hasta desamarrar
las cuerdas de la historia
Última piéride
que afeitará a la naturaleza de su rostro

Así que
        eres Narcisa
La que detiene ríos con su imagen
Ojos hongos de miradas
Presencia de pagano rito
Poción de alucinógenos besos

Do you know
>	Narcissa?
There is not a more bitter word than your name
There is no more terrible death than to name you
Battle Lady
>	WAR
Harlot   you charge more than misfortune
Scarlet woman   you keep copulating with history

Favorite daughter
of obscure and creeping gods

You sip honey from the fang of vipers
Kindness that kills with extraneous poison

Ah!
So you are
>	the only probability
when God plays dice in the universe

A siren who sang until untying
the strings of history
Last of the Pierides
that will shave nature of her face
So
   you are Narcisa
The one that stops the rivers with her image
Eyes of putrid stares
Presence of pagan rite
Brew of psychedelic kisses

Tiro de gracia / Coup de Grace

Entonces
        es cierto que eres tú
Psiquívora
        Mujer
                Guerra
costilla vieja
        que cayó
                del Hombre

So
    it is true that you exist
Psychivore
        Lady
            War
old rib
      that fell from the
               Man

PRIMERA BALA

Se volvió espada el instrumento del arado
y filosa daga toda hoz
La contempló por vez primera en Tierra Santa
　...danzaba pueblo de relámpagos
ciñendo las formas demoníacas de su cuerpo
Tribu bélica de llamaradas
queriendo desatarse
de aquella hermosa piel...

Nunca oyó un Cantar de los Cantares
más ferviente que sus ojos negros
pero como no era virgen ni católica
le disparó en el Nombre
y le persignó en los labios
al Padre
　　　　al Hijo
　　　　　　　y al Espíritu Santo

FIRST BULLET

The instrument of the plow became a sword
and sharp daggers every sickle
He saw her for the first time in the Holy Land.
. . .dancing villages of lightning bolts
cinching the demonic shapes of her body
warlike tribe of blazing flares
wanting to unleash
from her beautiful skin. . .

He'd never heard a more fervent
Song of Songs than her black eyes
but since she was neither a virgin nor a catholic
she shot him in the Name
and crossed him on the lips
 of the Father
    of the Son
        and of the Holy Spirit

CUARTA BALA

Fuimos responsables sólo de una lágrima
de todas las que alzaron la mano
en la matanza

Buenos días Violaron a su madre
buenas tardes También decapitaron a su padre
buenas noches No recuerda
en cuánto tiempo mataron al hermano
¡Ah
    ...nada hay como la vida!

Y la dejaron Viva

"¡Apaguen esa música!"
nos grita
"retiren Música de la PALABRA
que no salió esa noche
a bombardear la guerra"

Lágrima aparece ahorcada a media noche
Y sigue viva
Ni siquiera es libre para suicidarse
                            Y llora
No sé cuánto nos sabe responsables
No sé cuánto nos sentimos homicidas

FOURTH BULLET

We were only responsible for just one tear
of all those that raised their hands
in the slaughter

Good morning Raped their mother
good afternoon Also beheaded their father
good evening Don't remember
how long it took to kill the brother
Ah
    ...there is nothing like life!

And they left it Alive

"Turn off that music!"
It yells at us
"Remove Music from the WORD
that didn't come out that night
to bomb the war"

Tear appears hanged at midnight
but still alive
It's not even free to commit suicide
                              And cries
Don't know how responsible it thinks we are
Don't know how much homicidal we feel

Llora como pasatiempo
y nosotros publicamos
las mejores de sus lágrimas
en revistas literarias
o en diarios de derecha

It cries as a pastime
and we bring to the spotlight
the best of its tears
in literary magazines
or in right-wing journals

SEXTA BALA

Para Alejandro Aldana Sellschopp.

Antes de ser emperador
me dijo
mientras desenredaba la mirada
enrollada en una arista de la escalinata
"…ocupé mi cobardía
con todos mis sentidos
Argumenté que a la mujer como a la guerra
sólo muertos y tontos
se ocupan
y pre-ocupan de ellas…"

Años después daba vueltas en una Corona
mientras mendigábamos juntos en el fango
"… Se ignora a la guerra
mientras se sabe lejos
Se ignora a la amada
mientras se tiene cerca

Pospuse besos para días de gloria

Negué citas a los muertos
Y torné el poder
como tomar el vino

SIXTH BULLET

For Alejandro Aldana Sellschopp.

Before he became an emperor
he told me
while untangling the gaze
rolled up on the edge of the staircase
"…I occupied my cowardliness
with all my senses
and argued that only dead and fools
occupy
and preoccupy themselves
with women and war…"

Years later roaming in a Crown
while begging together in the mud
"…One ignores the war
while being far away
One ignores the beloved
while being close to her

I postponed kisses for days of glory

I denied dates to the dead
And swirled power
as if drinking a glass of wine

Tiro de gracia / Coup de Grace

Me bebí todo el pecho
                         hasta vaciarlo
y ni una sola gota de pecho
                         fue para la vida
¡Entonces el tiempo era un asunto tan
importante!
que ya no tuve tiempo
                         querido hermano
ni para morir
ni para ser héroe…"

I drank the whole breast
                         until empty
and not a single drop of breast
                              was for life
Then time was such an important
affair!
that I no longer had the time
                          dear brother
nor to die
nor to be a hero…"

DÉCIMA BALA

Ilapso ante de ti   Ante tanto de ti
Mucho más de lo que el mismo Hitler
y su sórdido éxtasis
frente a una pila de muertos

Más que Nerón y su lira
Eufóricos ante Roma incendiada

Y más todavía que Dios
el mismo Dios que hizo el mundo
el crimen perfecto

TENTH BULLET

Elated before you   Before so much of you
Much more than Hitler himself
and his sordid ecstasy
in front of a pile of dead

More than Nero and his lyre
Euphoric at the sight of Rome on fire

And even more than God
the same God who made the world
the perfect crime

DÉCIMA PRIMERA BALA

Te amo salió hoy en el periódico
Como noticia de primera plana
Pero el columnista dijo *país*
en vez de *cuerpo*

Dijo *pueblo*
           en vez de *sangre*

Y sé que quiso decir *amor*
cuando habló de *luchar con la Palabra*

ELEVENTH BULLET

I love you came out in the newspaper today
As the front-page news
But the columnist said *country*
instead of *body*

Said *people*
              instead of *blood*

And I know he meant *love*
when he spoke of *fighting with the Word*

NOVENA BALA

Abrazaste un fusil
como si abrazaras un amante moribundo

Me senté a contemplarte
como el campo de batalla
se sienta en la piedra
después de los disparos

Y leí de ti el poema
como el silencio lee en voz baja
el último gesto del cadáver

NINTH BULLET

You embraced a rifle
as if you were embracing a dying lover

I sat down to contemplate you
like the battlefield
sits on the stone
after the shots

And I read from you a poem
The way silence reads softly
the last gesture of a corpse

EMBOSCADA
(Poema de amor)

AMBUSH
(A love poem)

I

Si encuentras a una mujer
llamada Locura
dale este Poema
porque es parte de su rostro
Perfil desprendido de sus movimientos

Regrésale a su anatomía
frases detenidas en lóbregos separos
de la historia universal

Dile que aquí van algunos
                       de los tantos versos
que caían de sus ojos
                       mientras me miraba
Recuérdale que pienso en ella
aún   cuando una bala se incruste
en la ventana de la patria
                       y los seres de paz
no seamos venda suficiente
para detener tanta hemorragia

I

If you meet a woman
named Madness
give this poem to her
because it is part of her face
Visage detached from her movements

Give back to her anatomy
expressions held in gloomy separations
of universal history

Tell her that here are some
                        of the many verses
that fell from her eyes
                while looking at me
Remind her that I think of her
even when a bullet gets embedded
in the window of the homeland
                      and the beings of peace
wouldn't be enough bandage
to stop so much bleeding

II

PALABRA SE LEVANTA EN ARMAS
EN EL INTERIOR DEL CUERPO

TU NOMBRE SE LEVANTA EN ALAS
EN LOS CAMPOS DE BATALLA

DOLOR QUE SE LEVANTA EN FUEGO
PARA DERROTAR AL MIEDO

LA PAZ QUE SE LEVANTA EN MUERTOS
PARA DETENER LAS BALAS

II

THE WORD RISES UP IN ARMS
INSIDE THE BODY

YOUR NAME RISES UP ON WINGS
ON THE BATTLEFIELDS

PAIN THAT RISES UP IN FIRE
TO DEFEAT FEAR

PEACE THAT RISES UP IN THE DEAD
TO STOP THE BULLETS.

III

CuálEsElDomicilioDeLaTierraQueBuscaTierraParaHacerseUnLugar

CuálEsElNombreDeEsaGotaDeSangreQueNosBusca

QuiénSabeLaEdadDelRéquiemQueNoJuegaALasCanicasSinoALosEntierros

AquéjueganNiñosYNiñasAparteDeMorirseDeHambre

QuéHaceHombreYMujerAparteDelOficioDeMatarAOtroHombreYOtraMujer

QuéNosotrosEsMenosImportanteQueLosOtros

CuántoTiempoEsperaElTiempoAQueLaMuerteDesocupeElDía

Cuánto hemos matado este día

Cuánto hemos muerto en el hombre
que acaba de morir

Cuánto dolor cabe en una bala

Cuántos de nosotros cabemos en un grito

Cuántos muertos faltan
para llenar una lágrima

III

WhatIsTheResidenceOfTheEarthThatSeeksEarthToMakeItselfAPlace

WhatIsTheNameOfThatDropOfBloodThatIsLookingForUs

WhoKnowsTheAgeOfTheRequiemThatWillNotPlayWithMarblesButPlaysBurialCeremonies

WhatDoBoysAndGirlsPlayToBesidesStarvingToDeath

WhatDoesManAndWomanDoBesidesTheJobOfKillingAnotherManAndAnotherWoman

WhichOtherOnesAreLessImportantThanAnotherOne

HowMuchTimeDoesTimeWaitsForDeathToLeaveTheDay

How much have we killed this day

How much have we died in the man
who just died

How much pain can fit in a bullet

How many of us can fit in one scream

How many more dead are missing
to fill a tear

Tiro de gracia / Coup de Grace

Un disparo nos mira
Se burla de nosotros

"Aquellos
	Estos
	Esos
	Eran
		Pero ya no son nada"

A shot looks at us
Makes fun of us

"These
        Those
        The others
        They were
                But they are nothing anymore"

IV

Si encuentras a una mujer
llamada Locura
Dile de voces proyectadas en la atmósfera
que al golpe con el cielo
                vuelven
hojas de luz flotando
en manantiales
          estallidos
Besos molotov
el saldo de un Nosotros
herido en mi costado
sangra una mujer
                reacomodando
muebles dioses culpas
                y retratos
en la disposición imperdonable
del infierno
El Ayer se inclina
                bebe un pensamiento
que nada en un acuario de memoria
sitiada

Fuego roto en tela
un desnudo

IV

If you meet a woman
named madness
Tell her of voices projected into the atmosphere
that hit the sky and
                return
leaves of light
floating in springs
                outbursts
Molotov kisses
the remainder of an Us
wounded on my flank
a woman bleeds
                rearranging
furniture gods sins
                and portraits
in the unforgivable nature
of hell
Yesterday bows down
                      drinks a thought
that swims in an aquarium of
besieged memory

Fire broke in cloth
a nude

        se esparce
        por la calle
        en reunión de vientos
        y desaparecidos
        Tormenta
        manifestación del repudio
        a los que ofrecen cielo
        arcángeles y querubines
        a cambio de la vida

Disparos en busca de la obscuridad
Aves de níquel
Alas de pólvora
Una bala perdida
toca a Dios en el ángel izquierdo
                              y cae
No sabemos qué es aquello
verdaderamente
            pero cae

      spread
      down the street
      gathering the winds
      and the missing
      Storm
      rally of rejection
      of those who offer heaven
      archangels and cherubim
      in exchange for life

Shots in search of the darkness
Birds of nickel
Wings of gunpowder
A stray bullet
touches God on the left angel
                      and falls
We don't know what it is
truly
    but it falls

V

Infórmale a Locura
de lamentos en primera plana

Aquiles ha caído al hades
Cicuta en vaso de noticias
Cierra sus labios Babilonia
Es Dolor el que inicia la Comedia
y no Beatriz

Santo óleos para Roma
Lame el polvo Waterloo
Y no sólo un hombre
miles mueren una guerra de hambre
a partir de Moctezuma

Y tan profundo
Chiapas esta noche
es navaja filosa en el pecho
y ya no sale
           queda dentro
rebanando en pedazos   la esperanza

V

Let Madness know
of wailing on the front page

Achilles has fallen to Hades
Hemlock in a glass of news
Babylon closed its lips
It is Pain that starts the Comedy
and not Beatriz

Holy oils for Rome
Waterloo licks the dust
And not just one a man
thousands die a war of hunger
since Moctezuma

And too deep
Chiapas is tonight
a sharp razor to the chest
that no longer leaves

it remains inside
                slicing hope   into pieces

VI

Si Locura tiene tiempo de escuchar
Y desnudarse bajo el verso
                              que alumbra
la miseria en esta madrugada
dile   En esta obscuridad
quise leerte nada más poesía de amor
y entregarte todos los poemas
para reino

Pero los ojos exigieron
iniciaron su lectura

"*Herodes más que Herodes este mundo*"
sigue asesinando niños
                        invariablemente
mis labios no porfiaban por un beso
murmuraban versos de Broch:
"*de todos los sufrimientos
que los hombres se infligen entre sí
la guerra no es el peor de los males
sólo el más absurdo*"

VI

If Madness has time to listen
And undress under the verse
                              that illuminates
the misery in this early morning
tell her   In this darkness
I wanted to read you nothing but love poems
and give you all the poetry
for reign

But the eyes demanded
they started reading

"*Herod more than erodes this world*"
continues to murder children
                              invariably
my lips did not insist on a kiss
they muttered verses from Broch:
"*Of all the sufferings*
that men inflict on each other
war is not the worst of evils
it is only the most absurd"

VII

Dile a Locura de luna
Herida clara no confesa
Hostia que no se deja consagrar
Vasija presta para quemar al hijo de Dios
siendo apenas un pequeño
¡Para que llores y te des cuenta
Padre Todopoderoso!
¡que Tú y Tus alaridos
no serán más dolorosos
que los llantos de la humanidad!

VII

Tell Madness of moon
A concealed clear wound
A host that does not allow consecration
A Vessel willing to burn the son of God
while he was just a little boy
So that you too cry and realize
Father Almighty!
That You and Your crying
will not be more painful
than the cries of all humanity!

VIII

Gelman o Milosz   Cardenal o Reyes Matamoros
o quien quiera que seas y doquiera que estés
si encuentras a una mujer
llamada Locura
dile
que estas palabras están en ayuno
de ella de su magia de la mundana
y extraterrestre forma que tiene de ser
inolvidable
Que sepa
que esta noche quise
escribirle el Poema de Amor y de Locura
pero
Palabras salieron cabizbajas
con el cuerpo en actitud de obscuridad
Ojos como tumbas
Manos en acíbar gesticulación de luto
Palabras que no encuentran la Palabra
Renunciando a su infinita
vocación estética
por el universal inmutable irrenunciable
                                      de llorar

VIII

Gelman or Milosz   Cardenal or Reyes Matamoros
or whomever you are and wherever you are
if you meet a woman
named Madness
tell her
that these words are fasting
from her from her magic and the mundane
and extraterrestrial way she has to be
unforgettable
She must know
that tonight I wanted
to write her the Poem of Love and Madness
but Words came out crestfallen
with its body in a manner of darkness
Eyes like graves
Hands in a bitter gesture of mourning
Words that do not find the Word
Renouncing their infinite
aesthetic vocation
for the immutable inalienable universal
                              crying

IX

Pero si no encuentras a Locura, entonces busca
alguna de las almas de los muertos en Jerusalén,
Auschwitz, Vietnam, Balcanes, Mitidja o Acteal,
¡sal y busca sus siluetas, sombras o fantasmas!;
y si te encuentras con alguno dile, El Hombre
es capaz de todo por poner una idea en el lugar
de Dios, o aún en el mismo lugar del Hombre;
una frase puede matar por la poesía, o puede ser
la peste letal de las conciencias; un artículo bien
o mal escrito puede significar el secuestro
de la historia; una palabra más o una menos,
un acento ¡qué sé yo!, puede inmortalizar
a la mentira, saturar el cupo de los cementerios...
o simplemente hacer al hombre más dulgente.

Dile a ese muerto que se está buscando la forma
o la palabra, letra o signo ¡o lo que sea!
para evitar que Holocausto, Matanza, Asesinato
y Genocidio... sigan siendo el sinónimo de pueblo
...empero dile también que me perdone
que esta noche no puedo
buscar esa forma o letra
                      que detenga a la guerra
¡que no puedo!
           que no puedo

IX

But if you don't find Madness, then search
for any of the souls of the dead in Jerusalem, Auschwitz,
Vietnam, the Balkans, Mitidja or Acteal,
go out and look for their silhouettes, shadows or ghosts!;
and if you find any tell them, Man
is capable of anything to put and idea in the place
of God, or even in the place of Man;
a phrase can kill for poetry, or it can be
the lethal plague of consciences; an article
well or badly written can mean the kidnapping
of history; one more word, one less word,
an accent mark, what do I know!, can immortalize lies;
collapse cemeteries...
or simply make a man much more ruthless.

Tell the dead soul that I am looking for the way or the word, letter, or
sign, or whatever it takes! to stop Holocaust, Massacre, slaughter, and
Genocide... from continuing to be the synonym of the people
...but also tell the soul to forgive me
because tonight, I'm unable
to look for that sign or letter
      that stops the war
I cannot!
  I can not

porque estoy hundido en esta prosa
buscando la manera o forma
símbolo o palabra
¡cualquier cosa!
que logre
        que esa mujer
llamada Locura
no pueda más
           sino pensar en mi
                        toda
toda esta madrugada

because I am immersed in this prose
looking for the way or sign
symbol or word
anything at all!
to make
      that woman
named Madness
unable of anything else
              but think of me
                        all

all of this dawn

ACERCA DEL AUTOR

Ulises Córdova nació en San Cristóbal de las Casas, Chiapas. México. Es Médico Cirujano, y Psiquiatra (UNAM). También cuenta con una Maestría en Literatura y Creación Literaria (Casa Lamm) y un Diplomado en Creación Literaria de la SOGEM (Sociedad General de Escritores de México) Capítulo Chiapas. Es Fundador del Festival Internacional Chiapas de Poesía. También es Presidente Fundador del Festival Internacional de Arte y Literatura María Tristeza. Ha participado en diversas antologías literarias, encuentros, congresos y festivales literarios, por distintos países de América y Europa.

El Dr. Ulises Córdova ha publicado los siguientes libros: *Códice Qwerty* en Lengüerío (Poemurales). Ed. Del Lirio (2019). *Té infinito* Ed. Public Pervert (2017). *La vuelta al mundo en 80 camas*. Ed. Vitral Editores. (2010). *Los invitados al festín de tántalo* (Premio de Poesía 2003 Coneculta) (2003). *Espiral: Sinfonía Sin principio Sin fin Concierto para Lectura No. 1 en Re Mayor* (2002) *Dis fra ces* (2001). *Tiro de gracia (o ya nada queda por traicionar).* (2000) los tres con Ed. Fonca y Espacio Cultural Jaime Sabines. *Los abismos de la voz* en Tiempo a Contrapunto Ed. UNAM y UNACH (1997).

ABOUT THE AUTHOR

Ulises Córdova was born in San Cristóbal de las Casas, Chiapas. Mexico. He graduated from UNAM (National Autonomous University of Mexico), is a Surgeon, and Psychiatrist also pocesses a Master's Degree in Literature and Literary Creation from Casa Lamm and a Diploma in Literary Creation from the SOGEM (General Society of Writers of Mexico) Chiapas Chapter. He is the Founder of the Chiapas de Poesía International Festival, and also the Founding President of the International Festival of Art and Literature María Tristeza. He has participated in various literary anthologies, meetings, conferences, and literary festivals in different countries of America and Europe.

Dr. Ulises Córdova has published the following books: *Códice Qwerty* in Lengüerío (Poemurales). Ed. Del Lirio (2019). *Té infinito* Ed. Public Pervert (2017). *La vuelta al mundo en 80 camas*. Ed. Vitral Editores (2010). *Los invitados al festín de tántalo* (won Premio de Poesía 2003 Coneculta) (2003). *Espiral: Sinfonía Sin principio Sin fin Concierto para Lectura No. 1 en Re Mayor* (2002). *Dis fra ces* (2001) and *Tiro de gracia (o ya nada queda por traicionar)* (2000) with Ed. Fonca & Espacio Cultural Jaime Sabines. *Los abismos de la voz* in Tiempo a Contrapunto Ed. UNAM y UNACH (1997).

EPÍLOGO

Este poema es una convocatoria contra la guerra.

Tiro de gracia (o ya nada queda por traicionar) es acción y sentencia fidedignos de nuestros tiempos: tiempo de cierta glorificación a la violencia como si en ésta y sólo en ésta radicara la esencia de la inteligencia del ser humano y su transcurso por la tierra. La primera persona del poema, por supuesto, no es el autor, es el yo universal merodeando en lo cruento y desgarrador de batallas sangrientas y emboscadas.

Ulises Córdova toma posición frente a la sinrazón de la guerra. Inicia este volumen con un aparente desorden, convertido el orden del combate: ¿cuántas veces puede morir un hombre cuando frente a él se suceden los hechos más irresponsables que provoca nulificar al otro por diferencias religiosas, étnicas o ambiciones personales o de grupo? La respuesta para Ulises está en la poesía, en el poema, en la Palabra que compromete su vida y en el nombre de una mujer llamada Locura cuyo personaje, primera persona, yo universal, está dispuesto a estar con Locura una inmensa madrugada, que el poeta-personaje sabe que nunca llegará.

Y en el aparente desorden de la batalla el combatiente autotransforma agudizando su conciencia y apuesta a la presencia de la Palabra: urge, musicaliza ese orden caótico y vuelve sobre sus pasos, sin calificar las guerras justas o injustas, tratando de salvar al Hombre de sus propias estupideces.

EPILOGUE

This poem is a call against the war.

Coup de grace (or there is nothing left to betray) stands for decisive action and sentence of our times: a time of a certain glorification of violence, as if in it and only in it lies the essence of the intelligence of the human being and its passage through the earth. The first person in the poem is not the author; it is the universal self-lurking in the bloody and heartbreaking battles and ambushes.

Ulises Córdova takes a position in the face of the unreasonable war. He begins this volume with an apparent disorder, converted into the order of combat: how many times can a man die when the most irresponsible events occur in front of him, nullifying others due to religious, ethnic differences, personal or group ambitions? Ulises' answer lies in poetry, poems, the Word that compromises his life and the name of a woman called Madness, a character, in first-person, universal self. He is willing to be with her on an immense morning, which the poet-character knows will never come.

And in the apparent disorder of the battle, the combatant transforms himself by sharpening his conscience and bets on the presence of the Word: he urges, musicalizes that chaotic order and retraces his steps, without qualifying the just or unjust wars, trying to save Man from their nonsense.

Si para Homero en su Iliada el canto a la guerra está sustentado en la "naturalidad" de invasiones y despojos, en la guerra en el sentido más antiguo: despojar y acumular, medir fuerzas con enemigos aparentemente poderosos y sacrificar a sus pueblos por quién sabe qué enredos de sus dirigentes. Y el guerrero común y corriente en plena disposición a entregar su vida por el amor que así puedan profesarse los amantes más enamorados: la condición divina influye en el ánimo del guerrero, él se sabe menos respecto de sus guías y estrategas militares y sabe que son ellos quienes finalmente le redimirán en este mundo y en el desconocido: por eso asume a plenitud el odio contra quien combate, y desea provocarle todo el dolor posible. Sólo que el cuerpo tiene un límite al dolor.

Si el exterminio humano ha dejado profundas y severas huellas en el pensamiento de miles de personas, aunque otros millones se olviden o parezcan olvidarse porque así lo desean quienes detentan el poder, el poeta agudiza su memoria y tiene bien presente que en cualquier ser humano inocente y agredido, por el argumento que sea, muere también el poeta, el hombre que fecunda su humanidad para desterrar las ambiciones más simplistas y que reducen a los demás seres a sencillas máquinas mortuorias o trituradoras de hombres. Así pues, con sólo mencionar sus nombres, entre tiros de metralla, Auschwitz, Acteal, Vietnam, Yugoslavia, nos remiten indiscutiblemente a los despojos más aberrantes que así muestran las barbaries sistemáticas y las formas más retardatarias de esquemas de pensamiento bien estructurados y diseñados en el plano teórico de lo irracional.

In Homer's Iliad, the war song is sustained by "naturalness" of invasions and plunder, in a war in the oldest sense: to loot and accumulate, measure forces with apparently powerful enemies, and sacrifice their peoples for who knows what entanglements of its leaders. And the typical and common warrior in full readiness to lay down his life for the love that most lovers can thus profess: the immaculate condition influences the warrior's spirit, he knows less about his guides and military strategists, and he knows they will finally redeem him in this world and the unknown: that is why he fully assumes hatred to whom he fights against, and wishes to cause him as much pain as possible. Only the body has a limit to pain.

Human extermination has left profound and severe traces in the thoughts of thousands of people. However, other millions forget or seem to forget because those who hold power wish so. The poet sharpens his memory. He is well aware that whenever any innocent human being, whoever it may be, dies, the poet also dies. This man fertilizes his humanity, banishing the most simplistic ambitions to reduce other beings to simple mortuary machines or crushers of men. Thus, just by mentioning their names, between shrapnel shots, Auschwitz, Acteal, Vietnam, and Yugoslavia, unquestionably refer us to the most aberrant debris that shows the systematic barbarities and the most retardant forms of well-structured and designed thinking schemes in the theoretical plane of the irrational.

Ulises Córdova expone su ideario poético con cierto hálito de esperanza y no sin desencanto respecto de sus congéneres. Entre suicidios, campos de batalla, versos y madrugadas, Ulises logra muy buenos niveles de musicalidad y sonoridad rítmica en sus composiciones; y en su conjunto, una compacta metáfora polirrítmica que sólo podemos apreciar cuando terminamos su lectura: el hombre, ese yo universal, firme la voz y el poema, dice no a la guerra, llama a muchos otros poetas y desea convidarles su desencanto para sumar otras voces u otros miles de poemas de amor, como el de "Emboscada", composición culminante y abarcadora, para no bajar la cabeza, ante las acciones criminales de los hombres contra los hombres.

Tiro de gracia (o ya nada queda por traicionar) al presentarse en un lenguaje diáfano y sencillo, pretende convocar a lectores y poetas a iniciar el debate acerca de nuevas relaciones con la Palabra e indagar en iniciativas estéticas la posibilidad de no llenarnos de vergüenza con masacres y emboscadas, léase Acteal.

Tiro de gracia... toma posición, como dijera Gabriel Celaya (1911- 1991): "Maldigo la poesía concebida como lujo/ cultural por los neutrales/ que, lavándose las manos, se desentienden y evaden./ Maldigo la poesía de quien no toma partido hasta mancharse./ Hago mías las faltas. Siento en mí a cuantos sufren/ y canto respirando./ Canto, y canto, y cantando más allá de mis penas/ personales, me ensancho."

Ulises Córdova exposes his imaginative ideas with a particular breath of hope and not without disappointment with his fellow men. Between suicides, battlefields, verses and early mornings, Ulises achieves outstanding levels of musicality and rhythmic sound in his compositions; and as a whole, a compact polyrhythmic metaphor that we can only appreciate when we finish reading it: the man, that universal self, firmly in the voice and the poem, says no to war, calls many other poets and wishes to invite their disenchantment to add additional views or thousands of other love poems, such as that of "Ambush" (a love poem), a culminating and overall composition, so as not to lower our heads, before the criminal actions of men against men.

Coup de grace (or there is nothing left to betray) by presenting itself in clear and simple language, aims to summon readers and poets to start the debate about new relationships with the Word and investigate in aesthetic initiatives the possibility of not filling us with shame with massacres and ambushes, as Acteal.

Coup de grace... takes a position, as Gabriel Celaya (1911-1991) said: "I curse poetry conceived as cultural / luxury by neutrals / who, washing their hands, disengage and evade. / I curse the poetry of those who do not take side until it stains them. / I make the faults my own. I feel in me those who suffer / and I sing breathing. / I sing, and I sing, and singing beyond my personal / sorrows, I broaden myself".

Tiro de gracia… convierte en arma la palabra; para esa batalla el autor participó en el taller Palabra Conjurada, proyecto apoyado por el Fondo Nacional para la Cultura y las Artes, octubre 1997-julio 1998; allí Ulises le arrancó a la guerra la música y la Palabra.

JOSÉ ANTONIO REYES MATAMOROS
Editor. Espacio Cultural Jaime Sabines

Coup de grace… turns the Word into a weapon; for that battle, the author participated in the Conjured Word workshop, a project supported by the National Fund for Culture and the Arts, October 1997-July 1998; there Ulises deprived the war of music and the Word.

JOSÉ ANTONIO REYES MATAMOROS
Editor. Cultural Space Jaime Sabines

ÍNDICE / CONTENTS

Tiro de gracia / Coup de Grace

Décimo tercer suicidio · 12
Thirteenth Suicude · 13
Tercer infarto · 16
Third Infarction · 17
Tercera bala · 20
Third Bullet · 21
Primer infarto · 22
First Infarction · 23
Segundo infarto · 24
Second Infarct · 25

Primera muerte / *First Death*
Primer Canto · 28
First Canto · 29
Segundo canto · 30
Second Canto · 31
Tercer canto · 32
Third Canto · 33
Cuarto canto · 34
Fourth Canto · 35

Tiro de gracia · 36
Coup de Grace · 37
Quinta bala · 38
Fifth Bullet · 39
Décimo suicidio · 40
Tenth Suicide · 41
Décimo primer suicidio · 42
Eleventh Suicide · 43
Bala octava · 44
Eighth Bullet · 45
Suicidio décimo segundo · 46
Twelfth Suicide · 47
Décimo cuarto suicidio · 48
Fourteenth Suicide · 49

Primer infierno / *First Hell*
I · 54
I · 55
II · 56
II · 57
III · 60
III · 61
Séptima bala · 62
Seventh Bullet · 63
Narcisa · 64
Narcisa · 65
Primera bala · 70
First Bullet · 71
Cuarta bala · 72
Fourth Bullet · 73

Sexta bala · 76
Sixth Bullet · 77
Décima bala · 80
Tenth Bullet · 81
Décima primera bala · 82
Eleventh Bullet · 83
Novena bala · 84
Ninth Bullet · 85

Emboscada / *Ambush*
I · 88
I · 89
II · 90
II · 91
III · 92
III · 93
IV · 96
IV · 97
V · 100
V · 101
VI · 102
VI · 103
VII · 104
VII · 105
VIII · 106
VIII · 107
IX · 108
IX · 109

Acerca del autor · 114
About the Author · 115

Epílogo · 116
Epilogue · 117

Colección
VIVO FUEGO
Poesía centroamericana y mexicana
(Homenaje a Concha Urquiza)

1
Ecuatorial / Equatorial
Vicente Huidobro

***

Colección
PARED CONTIGUA
Poesía española
(Homenaje a María Victoria Atencia)

1
La orilla libre / The Free Shore
Pedro Larrea
2
*No eres nadie hasta que te disparan /
You are nobody until you get shot*
Rafael Soler

Colección
CRUZANDO EL AGUA
Poesía traducida al español
(Homenaje a Sylvia Plath)

1
The Moon in the Cusp of My Hand /
La luna en la cúspide de mi mano
Lola Koundakjian

Colección
PIEDRA DE LA LOCURA
Antologías personales
(Homenaje a Alejandra Pizarnik)

1
Colección Particular
Juan Carlos Olivas

2
Kafka en la aldea de la hipnosis
Javier Alvarado

3
Memoria incendiada
Homero Carvalho Oliva

4
Ritual de la memoria
Waldo Leyva

5
Poemas del reencuentro
Julieta Dobles

6
El fuego azul de los inviernos
Xavier Oquendo Troncoso

7
Hipótesis del sueño
Miguel Falquez-Certain

8
Una brisa, una vez
Ricardo Yañez

9
Sumario de los ciegos
Francisco Trejo

10
A cada bosque sus hojas al viento
Hugo Mujica

Colección
VEINTE SURCOS
Antologías
(Homenaje a Julia de Burgos)

1
Antología 2020 / Anthology 2020
Ocho poetas hispanounidenses / Eight Hispanic American Poets
Compilador – Compiler
Luis Alberto Ambroggio

Colección
MUSEO SALVAJE
Poesía latinoamericana
(Homenaje a Olga Orozco)

1
La imperfección del deseo
Adrián Cadavid

2
La sal de la locura / Le Sel de la folie
Fredy Yezzed

3
El idioma de los parques / The Language of the Parks
Marisa Russo

4
Los días de Ellwood
Manuel Adrián López

5
Los dictados del mar
William Velásquez Vásquez

6
Paisaje nihilista
Susan Campos-Fonseca

7
La doncella sin manos
Magdalena Camargo Lemieszek

8
Disidencia
Katherine Medina Rondón

9
Danza de cuatro brazos
Silvia Siller

10
Carta de las mujeres de este país / Letter from the Women of this Country
Fredy Yezzed

11
El año de la necesidad
Juan Carlos Olivas

12
El país de las palabras rotas / The Land of Broken Words
Juan Esteban Londoño

13
Versos vagabundos
Milton Fernández

14
Cerrar una ciudad
Santiago Grijalva

15
El rumor de las cosas
Linda Morales Caballero

16
La canción que me salva / The Song that Saves Me
Sergio Geese

17
El nombre del alba
Juan Suárez

18
Tarde en Manhattan
Karla Coreas

19
Un cuerpo negro / A Black Body
Lubi Prates

20
Sin lengua y otras imposibilidades dramáticas
Ely Rosa Zamora

21
*El diario inédito del filósofo vienés Ludwig Wittgenstein /
Le Journal Inédit Du Philosophe Viennois Ludwig Wittgenstein*
Fredy Yezzed

22
El rastro de la grulla / The Crane's Trail
Monthia Sancho

23
Un árbol cruza la ciudad / A Tree Crossing The City
Miguel Ángel Zapata

24
Las semillas del Muntú
Ashanti Dinah

25
Paracaidistas de Checoslovaquia
Eduardo Bechara Navratilova

26
Este permanecer en la tierra
Angélica Hoyos Guzmán

27
Tocadiscos
William Velásquez

28
*De como las aves pronuncian su dalia frente al cardo /
How the Birds Pronounce Their Dahlia Facing the Thistle*
Francisco Trejo

29
El escondite de los plagios / The Hideaway of Plagiarism
Luis Alberto Ambroggio

Colección
SOBREVIVO
Poesía social
(Homenaje a Claribel Alegría)

1
#@nicaragüita
María Palitachi

Colección
TRÁNSITO DE FUEGO
Poesía centroamericana y mexicana
(Homenaje a Eunice Odio)

1
41 meses en pausa
Rebeca Bolaños Cubillo

2
La infancia es una película de culto
Dennis Ávila

3
Luces
Marianela Tortós Albán

4
La voz que duerme entre las piedras
Luis Esteban Rodríguez Romero

5
Solo
César Angulo Navarro

6
Échele miel
Cristopher Montero Corrales

7
La quinta esquina del cuadrilátero
Paola Valverde

8
Profecía de los trenes y los almendros muertos
Marco Aguilar

9
El diablo vuelve a casa
Randall Roque

10
Intimidades / Intimacies
Odeth Osorio Orduña

Colección
MUNDO DEL REVÉS
Poesía infantil
(Homenaje a María Elena Walsh)

1
Amor completo como un esqueleto
Minor Arias Uva

2
Del libro de cuentos inventados por mamá
La joven ombú
Marisa Russo

Colección
LABIOS EN LLAMAS
Poesía emergente
(Homenaje a Lydia Dávila)

1
Fiesta equivocada
Lucía Carvalho

2
Entropías
Byron Ramírez Agüero

3
Reposo entre agujas
Daniel Araya Tortós

Para los que piensan, como Octavio Paz, que "la poesía revela este mundo; crea otro", este libro se terminó de imprimir en el mes de octubre de 2020 en los Estados Unidos de América.